AF357126

1308

29157

Saint Michel

29,157

EXPOSITION
DE LA CAUSE

POUR Meſſire Joseph de Saint-Michel, Premier
Préſident en la Chambre des Comptes de Blois.

CONTRE Meſſire Claude Philibert Thiroux
*d'Ouarville, Officier au Régiment des Gardes-
Françoiſes.*

ET encore contre M. le Duc de Chevreuse, *Pair
de France, Gouverneur de Paris.*

ET M. le Procureur Général.

C'est aujourd'hui qu'il s'agit de décider l'importante
queſtion de ſavoir, ſi M. le Duc de Chevreuſe eſt
un vrai propriétaire du Comté de Dunois, ou ſi ce
grand Fief n'eſt point au contraire un bien de la Couronne.

M. le Préſident de Saint-Michel commence par
proteſter que c'eſt avec un regret ſenſible qu'il a vu

ſon intérêt particulier devenir l'occaſion d'un affaire, dont les conſéquences peuvent être ſi ſérieuſes ; bien éloigné de s'applaudir de l'éclat qu'elle peut avoir , il s'en afflige ſincerement ; & les efforts qu'il a faits pour la prevenir , ou l'étouffer dans ſa naiſſance , ſont des garans ſûrs de ce ſentiment qui le pénetre. Mais pouvoit-il conſentir ſans murmurer , à ſe voir lui-même dépouiller d'une Terre à laquelle il a toutes ſortes de raiſons d'être attaché ?

Le Préſident de Saint-Michel a acquis des créanciers du Marquis de Matharel, la Terre & Châtellenie de Montigny le Ganelon , par un contrat du 15 Mars 1765 ; le prix a été de 180200 liv.

Cette Terre, peu éloignée de la ville de Blois, où M. le Préſident de Saint-Michel eſt établi avec toute ſa famille , releve pour la plus grande partie du Comté de Dunois. M. le Duc de Chevreuſe jouit du Comté de Dunois depuis long-tems ; c'étoit une raiſon naturelle & ſuffiſante pour un nouvel acquéreur, de porter ſes devoirs au Seigneur que la poſſeſſion publique lui indiquoit. Le Préſident de Saint-Michel ſe préſenta donc à M. le Duc de Chevreuſe ; l'accueil qu'il en reçut, les diſcours obligeans qu'on lui tint, durent lui perſuader qu'il ſeroit agréé pour vaſſal. Il crut en conſéquence ne devoir point faire ſignifier juridiquement ſon contrat d'acquiſition. La Coutume de Blois accorde au Seigneur le délai d'une année à compter du jour de l'exhibition du contrat, pour l'exercice du retrait féodal. Si M. de Saint-Michel eût rempli cette formalité, le triſte procès qu'il ſoutient aujourd'hui ne ſeroit point né : un peu moins d'égards eût aſſuré ſon repos. Mais il ne ſe reprochera jamais , quelque amertume qu'il en puiſſe recueillir, tout ce que ſes ſentimens pour M. le Duc de Chevreuſe lui auront diclé.

Plus d'un an s'eſt écoulé. Pendant ce tems M. de Saint-Michel voyoit ſouvent l'Intendant de M. le Duc de Chevreuſe. Il s'agiſſoit de liquider le rachat, qui eſt le droit de mutation dû dans le Dunois. L'Intendant déclaroit qu'il alloit travailler à cette liquidation. Pour raſſurer M. de Saint-Michel ſur les lenteurs, il lui citoit pour exemple qu'il n'avoit pu finir encore l'opération néceſſaire pour la Terre de Droué, qui avoit été précédemment acquiſe par le Marquis de Brancas, opération qui pouvoit même avoir de la connexité avec celle qu'il s'agiſſoit de faire pour la Terre de Montigny, parce que ces deux fiefs n'en avoient formé autrefois qu'un ſeul. Du reſte l'Intendant aſſuroit que M. le Préſident de Saint-Michel n'avoit aucune inquiétude à prendre. Celui-ci avant d'acquérir s'étoit rendu certain que le retrait lignager n'étoit point à craindre pour lui; on lui proteſtoit qu'il ne devoit pas redouter davantage le retrait féodal. Sa Terre auroit pu convenir peut-être, lui diſoit-on, à M. le Duc de Chevreuſe, ſi elle étoit ſituée dans le Soiſſonnois; mais dans le Dunois, il étoit à l'abri de tous les troubles.

A qui ces aſſurances réitérées n'auroient-elles pas inſpiré de la confiance ? M. le Préſident de Saint-Michel porta la ſienne, juſqu'à faire faire des réparations conſidérables dans la Terre de Montigny, & ſur-tout dans le Château qui en avoit un beſoin extrême.

Cependant la liquidation du droit de rachat ſouffroit toujours des longueurs. M. de Saint-Michel prit le parti d'écrire à M. le Cardinal de Luynes : les termes de fa lettre ne font point préfens à fa mémoire ; mais en fubftance, il prioit ce Prélat de s'intéreffer auprès de M. le Duc fon neveu, pour hâter la fin d'une affaire qui duroit déja depuis trop longtems. Il marquoit que fa confiance l'avoit laiffé expofé à l'exercice ou à la ceffion d'un retrait ; qu'il étoit tems que fon fort fût fixé autrement que par des affurances verbales.

Cette lettre eft aujourd'hui entre les mains du fieur Thiroux d'Ouarville, on n'en conçoit point la raifon ; il eft fûr qu'au moins elle ne devroit pas être en fon pouvoir : & le fieur d'Ouarville n'en peut point faire d'ufage, qui ne foit contraire à l'intention du Prélat à qui elle a été adreffée.

Quoi qu'il en foit , cette même lettre opéra un effet avantageux. Le ━━ de l'Intendant de M. le Duc de Chevreufe vint de fa part ━━━━━ chez le Préfident de Saint-Michel ; il parla en l'abfence de ce dernier, au fieur de Saint-Michel fils, Avocat Général de la Chambre des Comptes de Blois ; il dit que pour la liquidation du rachat, il avoit befoin qu'on lui remît, outre le contrat d'acquifition, un ancien acte de partage des terres de Montigny & de Droué de l'année 1612 ; il affura que la liquidation feroit inceffamment terminée ; il répeta plufieurs fois, même fans être interrogé là-deffus, que M. le Préfident de Saint-Michel pouvoit demeurer dans une tranquillité parfaite, qu'il n'étoit nullement queftion d'exercer ni de ceder le retrait féodal. Les titres que defiroit l'Intendant lui furent bientôt envoyés ; ils resterent entre ses mains , & ils n'ont été rendus au Procureur de M. de Saint-Michel , que trois jours après la signification inattendue dont on va parler.

Le 22 Avril 1766 , le sieur Thiroux d'Ouarville fit donner copie au Président de Saint-Michel d'un acte du 14 du même mois , par lequel M. le Duc de Chevreuse lui avoit cedé , sans garantie , le droit de retenue féodale de la Terre Montigny. Le sieur d'Ouarville fit faire en même-tems des offres réelles du prix porté dans le contrat d'acquisition ; & elles furent aussitôt suivies d'une assignation donnée aux Requêtes du Palais , tendante à ce que M. de Saint-Michel fût condamné à lui abandonner & délaisser par droit de retrait la Terre dont il s'agit. Depuis, le sieur d'Ouarville a déclaré qu'il n'entendoit retirer de toutes les annexes de cette Seigneurie que les biens qui sont dans la mouvance du Comté de Dunois.

Cette cession , cette assignation , M. le Président de Saint-Michel l'avoue , furent un coup de foudre pour lui ; elles l'accablerent. Après 13 mois d'égards , d'instances & de promesses ; après des réparations dispendieuses ; lorsqu'il avoit choisi , pour ainsi dire , cette Terre à cause de sa situation, près du centre de l'établissement d'une famille entiere , s'en voir expulser tout d'un coup ! Faire des pertes réelles sur les parties de cette Terre que laisseroit entre ses mains un retrait exercé par portions , & qui détachées du chef lieu , auroient moins de valeur & seroient plus à charge par la difficulté de les exploiter & de s'en défaire ! Eprouver des pertes encore sur ses especes numéraires qu'il lui a

fallu déplacer, & dont celles qu'offre le fieur d'Ouarville ne lui rendroient point aujourd'hui l'équivalent,
par une fuite du nouvel Edit, qui en réduifant l'intérêt
de l'argent, & augmentant par-là le prix des fonds de
terre, l'expoferoit à un double dommage, tant fur la
Terre de Montigny qui fortiroit de fes mains, que fur
une autre Terre qu'il feroit obligé d'acheter! Tant de
raifons preffantes ont forcé M. de Saint-Michel de
travailler à fe garantir de la dépoffeffion dont on le
menaçoit. Il étoit attaqué; la défenfe eft de droit
naturel. Il eft tout-à-fait légitime de combattre, de
repouffer un ceffionnaire qui veut, fur le fondement
d'un acte follicité, profiter des peines & des dépenfes
d'un acquéreur de bonne foi. Le fieur d'Ouarville a
déclaré en effet qu'il n'alloueroit point les réparations,
quelque utiles qu'elles puffent être, que le fieur de
Saint-Michel a faites dans le Château de Montigny.
La raifon qu'il en a donnée, eft que fon intention n'eft
point d'habiter ce Château; & cependant, ces réparations, il les a vu faire; poffeffeur d'une Terre voifine,
il en a été le témoin. Comment a-t-il pu, nourriffant
le projet qu'il a depuis effectué, voir de fang froid un
acquéreur fe charger de dépenfes qui deviendroient
fuperflues?

Tout excitoit donc M. de Saint-Michel à chercher
des moyens de n'être point la victime d'une fécurité,
qu'il eft facheux pour lui de voir trompée, mais qu'il
ne rougit point d'avoir cru fondée.

Des bruits fourds, répandus dans la Province,
annonçoient que le Comté de Dunois appartenoit à
la Couronne. M. le Préfident de Saint-Michel a en-

trepris d'approfondir ces rumeurs, qui fausses souvent, sont souvent aussi des expressions de la vérité. Persuadé que le retrait féodal est un droit éminent, que le Seigneur propriétaire peut seul exercer, & seul céder conséquemment, il n'a point douté que la cession faite par M. le Duc de Chevreuse ne fût nulle, s'il n'étoit point en effet le vrai Seigneur du Dunois. Pour résoudre le problême, il s'est déterminé à remonter jusqu'aux sources, à consulter les archives, à interroger les monumens historiques. Ses soins n'ont pas été infructueux, il a découvert ce qui faisoit l'objet de ses recherches.

Mais résolu en même temps de mettre toute la circonspection possible dans l'usage qu'il feroit de ses découvertes, il a fait signifier d'abord au sieur Thiroux d'Ouarville de simples exceptions. Il a exposé ses titres, ou plutôt les titres du Roi; & après les avoir analysés, il a invité & interpellé le sieur d'Ouarville d'expliquer comment & par quelle voie, malgré des actes de cette nature, le Comté de Dunois avoit pu passer dans la Maison de Chevreuse. Vous êtes un cessionnaire, a-t-il dit au sieur d'Ouarville, vous ne pouvez avoir d'autre droit que celui de votre cédant. Justifiez donc du droit & de la qualité de M. le Duc de Chevreuse.

Le Président de Saint-Michel osoit se flatter que la contestation ne s'engageroit pas plus avant. Mais le sieur d'Ouarville a répondu *que la réquisition étoit de toute indécence.* M. le Duc de Chevreuse, a-t-il dit, a une propriété constante, & prouvée par une possession non interrompue depuis plus de soixante ans. Le prédécesseur immédiat de M. de Saint-Michel, le Mar-

quis de Matharel l'a reconnu , fon acte de foi & hommage exifte ; il n'en faut pas davantage.

Par cette réponfe fi peu fatisfaifante, M. le Préfident
de Saint-Michel a compris qu'il devoit commencer à
fe mettre en regle en portant fon hommage de Vaffal
au Roi : il y a été d'autant plus excité, que le fieur d'Ouarville , à ce qu'on vint lui apprendre , fe difpofoit à obtenir lui-même du Roi une prétendue prélation.

M. de Saint-Michel a donc préfenté une Requête
à la Chambre des Comptes de Blois dans le reffort
de laquelle le Dunois eft fitué. Il y a rendu compte des
faits & des actes concernant le Dunois. Sa Requête a
été, en vertu d'une Ordonnance de la Chambre, com-
muniquée au Procureur Général , ainfi qu'au Receveur Général du Domaine. Vu le dire de l'un , & fur
les Conclufions de l'autre, la Chambre des Comptes a
rendu un Arrêt le 4 Juillet 1766, par lequel elle a reçu
le Préfident de Saint-Michel en foi & hommage , & a
pris fon ferment de fidélité.

Revenu enfuite à Paris, M. de Saint-Michel a em-
ployé, pour défenfes aux Requêtes du Palais, cet Arrêt
qui le mettoit dans le vaffellage du Roi.

La Caufe en cet état, a été portée à l'Audience.
M. le Préfident de Saint-Michel y alloit donc faire en-
tendre que le Comté de Dunois, ce Fief fi important
que poffede M. le Duc de Chevreufe, qui a été poffé-
dé par la Ducheffe de Luynes fa mere , dont le Che-
valier de Soiffons fon ayeul a joui jufqu'à fa mort, n'appartenoit à aucun d'eux ; que leur poffeffion fi impo-
fante en apparence , n'avoit ni force ni vertu , mife en
oppofition avec les droits du Roi , effentiellement im-

prefcriptible

preſcriptibles & ſacrés. Les conſéquences d'une telle vérité ont effrayé M. de Saint-Michel lui-même. Avant d'en faire retentir le Tribunal, avant de frapper le coup, il a cru devoir en avertir M. le Duc de Chevreuſe. Il a penſé que le retrait féodal avoit pu être cédé ſans qu'on en prévît les ſuites, & que jamais M. le Duc de Chevreuſe ne voudroit, pour un ſi frivole intérêt, lorſqu'il connoîtroit le danger, s'y expoſer ni l'attendre. Le Défenſeur du Préſident de Saint-Michel s'eſt donc rendu chez les Avocats, Conſeils de M. le Duc de Chevreuſe.

Peut-être y aura-t-il des perſonnes ſéveres qui condamneront cette démarche dans le Chef d'une Chambre des Comptes, à qui ſa qualité impoſoit le devoir d'un zele excluſif pour la conſervation des Domaines de la Couronne. Mais M. le Préſident de Saint-Michel le confeſſe; il a cru que, comme particulier & dans une affaire qui lui étoit propre, il pouvoit oublier des intérêts publics; qu'autrement il pourroit être accuſé de couvrir d'un voile reſpectable des motifs ſecrets & perſonnels. Il a tellement laiſſé à l'écart ſon titre de Premier Préſident, que, quoiqu'un des privileges de ſa Charge fût une exemption de tous droits de mutation dans la mouvance du Roi, il n'a point mis ce prix à la conciliation qu'il propoſoit aux Conſeils de M. le Duc de Chevreuſe.

Pluſieurs Conférences ont été tenues; l'Intendant de M. le Duc de Chevreuſe a été préſent à la derniere. On a conclu qu'il falloit attendre l'arrivée de M. le Duc, qui abſent de Paris, étoit ſur le point d'y revenir. L'Intendant s'eſt chargé en conſéquence de prier le ſieur Thiroux d'Ouarville de ſuſpendre la plaidoierie commencée. Mais, ſoit défaut d'exactitude à avertir le ſieur d'Ouarville, ſoit impatience de ſa part, il a reporté la Cauſe à l'Audience, & fait ordonner que le Défenſeur de M. de Saint-Michel plaideroit le lendemain. Celui-ci étoit lié par ſa parole donnée à ſes Confreres, Conſeils de M. le Duc de Chevreuſe : on croyoit cependant que ce changement de circonſtances l'en dégageoit ; & tout autre que M. le Préſident de Saint-Michel auroit ſans doute cédé à une néceſſité qui le diſpenſoit déformais des égards auxquels il avoit déja ſi pleinement ſatisfait. Mais il a préféré le parti de laiſſer obtenir contre lui, dans la Cauſe continuée, une Sentence par défaut le 29 Août 1766, qui a accordé au ſieur d'Ouarville tout ce qu'il demandoit.

Le Préſident de Saint-Michel attendoit ainſi la détermination que prendroit M. le Duc de Chevreuſe. Son Intendant a répondu en ſon nom qu'il vouloit vivre & mourir Comte de Dunois.

Alors il ne s'eſt plus agi que d'inſtruire l'appel à la Grand'Chambre de la Sentence des Requêtes du Palais.

Le Receveur Général des Domaines de Blois a été informé de la conteſtation, il a pris connoiſſance des titres : convaincu de la ſolidité de la Cauſe du Roi, il étoit décidé à intervenir, & à demander que le Comté de Dunois fût déclaré réuni à la Couronne, lorſqu'on lui a fait comprendre que ce grand intérêt réſidoit dans la main de M. le Procureur Général.

On a préſenté des Mémoires à ce Magiſtrat ; & pour remplir les formes judiciaires, M. de Saint-Michel a

donné une Requête le 17 Janvier 1767 : il a demandé
acte de la dénonciation qu'il faisoit à M. le Procureur
Général du Jugement de la Chambre des Comptes,
qui l'avoit reçu en foi comme vassal du Roi Comte de
Dunois, à l'effet par ce Magistrat de prendre son fait
& cause, de maintenir la Terre de Montigny dans la
mouvance du Roi, de faire en conséquence déclarer
nulle la cession de retrait féodal faite par M. le Duc de
Chevreuse.

Le 19 du même mois de Janvier M. le Duc de Chevreuse a été assigné par le Président de Saint-Michel,
pour voir déclarer commun avec lui l'Arrêt à intervenir, & répondre aux autres conclusions qui pourroient
être prises.

Tels font les faits. Tels ont été les procédés constam-
ment observés par M. le Président de Saint-Michel : il
se flatte qu'ils ne trouveront point de censeur. On
le laisse jouir pendant treize mois d'une Terre qu'il a
acquise, on souffre patiemment qu'il la répare, on
prend en communication ses titres de propriété pour
liquider les droits seigneuriaux, on l'assure vingt fois
que nul ne songe à le troubler ; & un Exploit de retrait
féodal lui apprend tout d'un coup qu'il faut qu'il perde
cette Terre qui lui est si précieuse ! Il découvre que le
possesseur du Comté de Dunois n'en est point le propriétaire ; il n'abuse pas de cette découverte, il la tait,
il l'insinue seulement dans un acte de procédure pré-
paratoire. Appellé à l'Audience, & prêt de la révéler,
il s'arrête, il veut la confier à M. le Duc de Chevreuse
avant d'en instruire les Juges & le Public : on le presse,
il choisit de faire une espece de fuite & de retraite, pour

donner le tems à M. le Duc de Chevreuse de se décider avec réflexion. Encore une fois étoit-il quelques
autres démarches de prudence & d'honnêteté qu'il dût
faire & qu'il ait négligées ?

MAIS il est tems de passer à l'exposition des preuves
qui montrent que le Comté de Dunois est en effet une
portion du Domaine de la Couronne. On va en rendre
compte , ou du moins en donner la substance. C'est
aux Audiences de la Cour que se fera un développe-
ment exact de tous les événemens relatifs à ce Comté,
& de tous les grands principes dont cette matiere est
.n esource abondante.

Le Dunois est une contrée considérable de la France,
dont Château-dun est la capitale. Elle a appartenu
à nos Rois, ainsi que toutes les autres Provinces, dans
le premier âge de la Monarchie.

Personne n'ignore les révolutions qu'ont éprouvé
les domaines de l'Etat. Les Souverains , voulant s'attacher les Grands par des bienfaits , leur conférerent
des terres , d'abord pour un tems limité, ensuite pour
toute leur vie. Ces bénéfices se changerent peu à peu
en patrimoines. Les Ducs, les Marquis, les Comtes,
Gouverneurs des Villes & des Provinces , simples Ma-
gistrats, soit civils, soit militaires, soit tous les deux
ensemble , devinrent Seigneurs propriétaires des lieux
où ils n'avoient eu que l'administration des armes &
de la Justice. En vain Charlemagne sembla avoir ré-
tabli la puissance publique dans ses droits ; les principes de son gouvernement s'altérerent , la splendeur
s'en effaça. Louis le Débonnaire recommença à se dépouiller d'une partie des possessions que lui avoit laissé

l'Empereur son pere. Charles le Chauve, forcé pres-
que d'imiter cette fatale politique, acheva de rendre
héréditaires les bénéfices qui lui restoient. Les richesses
de la Couronne furent épuisées. Les Princes n'avoient
plus que des droits à la place des biens. De-là naquit
le gouvernement féodal : l'hommage fut le seul lien
politique ; il devint la base de tout le droit public en
France.

C'est dans les tems de cette confusion anarchique
que le Dunois a passé dans les mains de Seigneurs
particuliers , avec le Blaisois auquel il a été uni par la
commune possession que les mêmes maîtres ont eue dans
tous les tems de l'un & de l'autre.

L'histoire enseigne que les premiers Comtes de
Blois, possesseurs en même tems du Dunois, furent
les ayeux de Hugues Capet. Guillaume , investi de
ce Comté par Louis le Débonnaire , le transmit à
Eudes son fils ; le célebre Robert le Fort fut Comte
de Blois après Eudes ; Charles le Chauve , pour s'attacher ce grand Capitaine , ajouta de nouvelles possessions à celles qu'il tenoit de ses peres ; il l'établit
Duc de tout le pays situé entre la Seine & la Loire.
Robert le Fort eut deux fils couronnés Rois de France,
& il fut le bisayeul de Hugues Capet.

Le Comté de Blois & de Dunois sorti du Domaine Royal, devoit donc y rentrer, lorsque ce Chef
de la troisieme Race de nos Rois monta au Trône.
Mais il paroît que Thibaut le Tricheur s'en étoit em-
paré au commencement du dixieme siecle, dans le
trouble des guerres civiles sous Charles le Simple ; &

il le rendit héréditaire dans fa famille, qui en jouit jufqu'au treizieme fiecle.

La Maifon de Chatillon prit la place de celle qui venoit de s'éteindre. Elle eut encore une jouiflance affez longue.

Guy de Chatillon étoit Comte de Blois & de Dunois en 1391, lorfque, privé d'enfans & accablé de dettes, il vendit ces deux Terres à Louis, Duc de Tourraine, devenu depuis Duc d'Orléans, & à Valentine, fille de Galeas, Duc de Milan, fon époufe; le contrat eft du 11 Octobre 1391; & le prix fut de 200 mille francs d'or.

Par un autre acte du lendemain, 12 Octobre, Louis d'Orléans acheta encore de Guillaume de Craon la Vicomté de Château-dun, Fief inférieur mouvant du Comté de Blois.

Un des traits de l'heureufe politique des Rois de la troifieme Race, pour reprendre l'autorité prefque éclipfée dans le défordre des regnes des Carlovingiens, a été de réunir à la Couronne tous ces grands Fiefs qui en avoient été détachés, qui favorifoient l'indépendance de Sujets trop puiffans, qui faifoient ombre au pouvoir du Souverain & à la majefté du Trône. Parmi les divers moyens que nos Monarques ont mis en ufage, les réunions ont été le chef-d'œuvre de cette prudence fi conftamment foutenue pendant huit fiecles. Il étoit digne d'un Prince du Sang Royal de concourir à ce grand ouvrage. Louis d'Orléans étoit fils du Roi Charles V; il étoit frere de Charles VI; il a été l'ayeul de Louis XII; François I fut fon arrierepetit-fils. Lié de tous côtés aux Princes qui ont donné des loix à la France, pouvoit-il ne pas chérir les intérêts de la Couronne?

Il demanda des Lettres-patentes au Roi son frere Charles VI pour tenir le Comté de Blois & de Dunois en Pairie & en Apanage ; c'étoit un moyen certain d'avoir quelque jour les Rois pour héritiers. Par là encore il parvenoit à écarter des Princes étrangers qui, du chef de Valentine de Milan, auroient pu prétendre à des établiſſemens dans le ſein du Royaume. On le ſait en effet, les Pairies, les Apanages ſont eſſentiellement reverſibles au Domaine royal & public. Telle eſt la loi de l'Etat.

Charles VI donna donc au mois de Juin 1399 des Lettres-patentes qui ont été regiſtrées au Parlement & en la Chambre des Comptes de Blois, par leſquels *il octroya que le Duc ſon frere, la Ducheſſe d'Orléans ſa femme, & tous leurs enfans procréés & à procréer en mariage, tinſſent, poſſédaſſent & gouvernaſſent en Pairie de France . . . . . toutes les Comtés, Terres, Châtellenies, Baronies, acquiſes par lui de tout le tems paſſé juſqu'à ores, c'eſt à ſavoir la Comté, Seigneurie & appartenances de Blois & de Dunois...... ainſi & par la maniere qu'il tenoit & poſſédoit ſon apanage à lui baillé & aſſigné, à cauſe de la ſucceſſion du feu Roi Charles ſon pere.*

Sur ces lettres inſcrites dans le regiſtre A du Parlement, on lit : *Littera quod Dominus Dux Aurelianenſis tenet in Pariâ Comitatum Bleſenſem, & cæteras terras huc uſque acquiſitas, ac ſub reſſorto Parlamenti, prout*

& quemadmodum poſſidet ſuum appanagium.

Louis, Duc d'Orléans, dont un aſſaſſinat odieux trancha la vie, laiſſa pour fils Charles, qui a été pere de Louis XII, & Jean, Comte d'Angoulême, grand-pere de François I. Il avoit auſſi donné le jour à Jean, ſurnommé Bâtard d'Orléans, qui mérita par ſes exploits & ſes victoires ſur les Anglois, qu'on oubliât le défaut de ſa naiſſance.

Si Jean, Bâtard d'Orléans, ſignala utilement ſon zele pour la Monarchie, il rendit auſſi des ſervices importans à Charles, dont il étoit le frere naturel. Celui-ci voulut donner des preuves éclatantes de ſa reconnoiſ-ſance ; & ſa captivité en Angleterre fut pour lui un motif de plus de verſer ſes bienfaits ſur un jeune héros qui défendoit ſes places en France, & à qui il devoit avoir l'obligation de ſortir de ſes fers. Il lui donna d'abord le Comté de Porcien ; il ne reprit enſuite ce Comté que pour y ſubſtituer celui de Perigord ; il y joignit les Châtellenies de Romorantin & de Millançay.

Enfin par une Charte donnée en la ville de Calais le 21 Juillet 1439, reprenant encore les villes de Romorantin & de Millançay, ainſi que le Comté de Vertus, il donna à *Jean, Bâtard d'Orléans, pour lui & ſes hoirs, deſcendans de ſa chair en loyal mariage, les Comté & Vicomté de Châteaudun & Dunois . . . . à la charge par lui & ſes hoirs, de les tenir en foi & hommage-lige, en Reſſort & en Souveraineté de Comté de Blois. . . . . Pourvu, eſt-il ajouté, que lui ne ſeſdits hoirs ne pourront vendre ne tranſporter leſdits*

Comté

Comté & Vicomté, ne aucunes chofes des appartenances & dépendances. . . . & au cas que notredit frere Bâtard & fes hoirs iront de vie à trépaffement fans enfans de leur chair procréés en loyal mariage, lefdits Comté & Vicomté de Châteaudun & Dunois retourneront à Nous & nos hoirs de plein droit.

Charles Donateur, s'étoit réfervé, comme on vient de le voir, la fupériorité féodale & celle de Juftice & de reffort fur le Comté de Dunois, détaché de celui de Blois par la voie d'un jeu de fief & d'une fous-inféodation. De nouveaux fervices rendus par Jean, fon frere naturel, le porterent à faire le 25 Novembre 1446, un autre acte par lequel il voulut, d'une part, que fon frere jouît du Dunois *en tous droits,* nobleffe, *prérogatives & prééminences de Comté;* & que d'autre part, fi lui & le Comte d'Angoulême fon frere mouroient fans hoirs, le Comté de Dunois relevât du *Roi à caufe de fa Couronne & fans moyen;* à l'effet de quoi, & le cas arrivant, il *fépara dès-lors, divifa, ôta & exima la Comté de Dunois de celle de Blois.*

Ce nouvel acte, qui n'a eu que ces deux objets, fut confirmé par des Lettres-patentes du Roi Charles VII. Elles ne paroiffent point avoir été enregiftrées, & les événemens arrivés depuis, les ont rendues inutiles.

Par deux autres contrats datés du premier Juillet 1452, Charles d'Orléans ajouta à tous fes dons dix Fiefs comme dépendans de Marchenoir, & les Terres d'Onzenain, de Ronzay, avec les halles de Bonneval, quoiqu'elles n'euffent pas été encore an-

C

nexées expreſſément au Comté de Dunois.

Dans toutes ces Chartes le Donateur a rappellé *les conditions , formes , manieres & modifications contenues dans les lettres de don du Comté de Dunois :* & il a déclaré qu'il vouloit que ſes donations fuſſent exécutées *nonobſtant quelconques Ordonnances par lui faites de non aliéner aucune choſe de ſon domaine.*

Telles ont été les loix ſous leſquelles le Comté de Dunois a paſſé à Jean d'Orléans, & à ſa poſtérité : elles n'ont ſouffert aucun changement ; elles ont été reconnues ſolemnellement dans un aveu rendu en 1587, & reçu par la Chambre des Comptes de Blois, après un an d'examen.

Jean d'Orléans qui a rendu ſi illuſtre ce nom de Comte de Dunois, a été auſſi le chef & le fondateur de la Maiſon de Longueville ; & cette Maiſon, long-tems floriſſante, s'eſt éteinte dans la perſonne de l'Abbé d'Orléans qui, décédé en 1694, laiſſa une ſœur unique, veuve du Duc de Nemours, morte ſans enfans en 1707.

C'eſt vers ce tems qu'a commencé la poſſeſſion des auteurs de M. le Duc de Chevreuſe. On ignore à quel titre le Comté de Dunois a pu tomber en leur pouvoir. Quel qu'il ſoit, tout annonce qu'il ne peut être légitime.

M. le Duc de Chevreuſe n'eſt point par lui, ni par ſes auteurs, un deſcendant de Jean d'Orléans, Comte de Dunois. C'eſt aux hoirs ſeuls de Jean d'Orléans que cette Terre avoit été donnée : c'eſt pour eux que Charles d'Orléans s'en étoit privé : eux ſeuls devoient ſe ſuccéder dans cette Terre les uns aux autres.

M. le Duc de Chevreuſe, étranger à eux tous, n'a point pu la recueillir par ſucceſſion : il n'a pas pu davantage l'acquérir ou l'obtenir d'eux par aucune eſpece de contrat qu'on puiſſe imaginer ; car le Donateur Charles d'Orléans leur avoit défendu de la tranſporter jamais dans une Maiſon étrangere : donc M. le Duc de Chevreuſe ne peut point être un juſte poſſeſſeur. C'étoit à la ligne de Charles d'Orléans, qu'au défaut de celle de Jean, le Comté de Dunois devoit retourner. Les héritiers de Charles d'Orléans ont été Rois : donc c'eſt la Couronne qui eſt aujourd'hui propriétaire.

On ne trouve d'ailleurs dans cette double loi qu'a dictée Charles d'Orléans, dans cette défenſe qu'il a faite d'aliéner, dans cette réverſion qu'il a ſtipulée, on n'y trouve qu'une conſéquence juſte & néceſſaire de l'impreſſion de Pairie & d'Apanage, que le Comté de Dunois avoit auparavant reçue. Les Terres décorées du titre éclatant de Pairies, les Terres données en apanage, ſont les unes & les autres inaliénables, impartables ; les unes & les autres ſont ſuſceptibles d'un retour perpétuel à la Couronne, dont elles ſont, ou ſont cenſées être des émanations. Le Comté de Dunois n'a pu être conféré que comme un ſous-apanage à Jean d'Orléans; il eſt demeuré ſujet à ces loix invariables qui en avoient réglé la deſtinée. Charles d'Orléans a dû attacher à ſa donation les conditions qu'il a impoſées; il les y a attachées en effet. La volonté du donateur a concouru avec la volonté de la loi. Que faut-il de plus ?

Il n'eſt rien de plus ſimple que ces premieres idées, & elles ſuffiroient ſeules. Sous quelque aſpect qu'on envifage l'acte de donation de 1439, le réfultat paroît toujours le même. On peut confidérer cet acte, ou relativement aux lettres d'érection de 1399, ou dans fa propre fubftance.

En le rapprochant des lettres d'érection, le Comté de Dunois a dû fubir le même fort, ou plutôt jouir du même honneur que le Comté de Blois dont il étoit un membre inféparable. Ces Terres, confacrées à l'Etat, devoient prendre un caractere public, à l'extinction de la ligne mafculine de Louis Duc d'Orléans. Ses defcendans ont été Rois. Louis XII a apporté au Trône le Comté de Blois, qui s'eft entiérement incorporé au Domaine par l'avénement de François I, époux de la fille de Louis XII, & pere de Henry II. Le Comté de Dunois auroit naturellement éprouvé une pareille confolidation, fans la donation de 1439. Mais cette donation l'a laiffé foumis aux regles de la Pairie & de l'Apanage; & fi l'on veut à cet égard confidérer la ligne mafculine de Louis d'Orléans, comme prorogée dans la perfonne des Rois dont il a été la tige, elle a fini dans Henry III, avec la branche des Valois. C'eft à cette époque au moins que la réunion du Dunois a dû s'opérer.

Si l'on examine enfuite l'acte de donation en lui-même, la réunion au Domaine fe fera toujours opérée, quoique plus tard; elle fe fera operée & par voie de réfiliation & par voie de retour tout à la fois: Par voie de réfiliation, parce que l'aliénation faite en faveur des auteurs de M. le Duc de Chevreufe a été une contravention à une des claufes précifes & effentielles du titre qui avoit mis ce Comté dans la Maifon de Dunois-Longueville: Par voie de retour, parce que la ligne de Jean d'Orléans de Longueville, premier donataire, s'eft éteinte avec l'Abbé d'Orléans, ou au moins avec la Duchefle de Nemours fa fœur.

Que pourra oppofer M. le Duc de Chevreufe à toutes ces vérités fi évidentes ? Conteftera-t-il le principe de l'indivifibilité & de la réverfibilité des Pairies ? Ou prétendra-t-il que ce principe n'a commencé à s'établir que par l'Ordonnance de 1566? On lui prouvera facilement que cette Ordonnance n'a fait qu'étendre aux Duchés, aux Comtés & aux Marquifats une maxime qui étoit dès auparavant en vigueur pour les Pairies, une maxime qui fut néceffairement vraie dans tous les tems, parce qu'elle eft prife dans le droit féodal, dans le droit politique, difons même dans la nature des chofes. La bonté des Rois y déroge fouvent; mais les claufes dérogatoires, qui font elles-mêmes des preuves de la regle, ne fauroient être trop formelles ; & non-feulement on n'en apperçoit aucune dans les lettres-patentes de 1399, elles contiennent au contraire une difpofition qui a appliqué à la Pairie la loi de l'apanage.

M. le Duc de Chevreufe foutiendra-t-il, par rapport à la donation de 1439, que la prohibition d'aliéner n'eft qu'une fubftitution dont les degrés font épuifés? Quelle erreur ne feroit-ce pas, que de foumettre aux regles des fidéicommis une condition d'inféodation, une condition liée à un droit de retour, une condition conféquente & relative à la limitation du don, qui n'a été fait qu'à Jean d'Orléans & à fes hoirs?

Enfin M. le Duc de Chevreufe expofera-t-il qu'il exifte encore des defcendans par des femmes du Comte de Dunois, & que leur exiſtence met un obſtacle à l'ouverture du droit de la Couronne?

M. le Duc de Chevreuſe ſera premierement obligé d'établir ſon aſſertion. Quand il l'établiroit, penſe-t-il qu'en termes de Juriſprudence féodale, & par rapport à un fief de dignité, ſpécialement affecté à une famille, frappé d'une clauſe de réverſion, concédé enfin à titre de ſous-apanage, l'expreſſion d'*hoirs* puiſſe s'appliquer à des filles, & ce qui eſt plus fort, à des filles des filles? M. le Duc de Chevreuſe ne peut lui-même ſuppoſer aucun droit à une ligne féminine, prétendue exiſtante, ſans s'exclure formellement de la propriété qu'il s'attribue. Ou s'il regarde cette ligne comme ayant perdu la faculté de faire valoir ſes prétentions, qu'importeroit contre les droits du Roi l'exiſtence de perſonnes qui n'en auroient plus elles-mêmes à exercer?

Toutes ces vaines difficultés s'évanouiront donc à l'approche de la vérité, de la raiſon, & des motifs d'intérêt général. Le Comté de Blois & celui de Dunois furent démembrés dans des tems malheureux du Domaine public. C'étoient des Provinces de France: l'une d'elles s'eſt réunie depuis près de trois ſiecles au corps du Royaume; n'eſt-il pas tems que l'autre retourne de même à ſon principe?

Au moins M. le Préſident de Saint-Michel eſpere, d'après les circonſtances dont il a fait le récit, que M. le Duc de Chevreuſe ne lui imputera point l'événement.

M^e LE GOUVÉ, Avoc.

LE SENECHAL, Proc.

De l'Imprimerie de LOUIS CELLOT, rue Dauphine, 1767.